I0840517